Betty Tapscott / Robert DeGrandis
HEILUNG DES SELBSTBILDES

W0173588

Betty Tapscott / Robert DeGrandis

Heilung des Selbstbildes

*Wege zu einem
gesunden Selbstbewußtsein*

Projektion J Verlag GmbH, Hochheim

2. Auflage 1991

Titel der Originalausgabe:
Healing of Self-Image

© 1980 by Betty Tapscott and Father Robert DeGrandis —
Published by
Tapscott Ministries, P.O.Box 19827, Houston, Texas 77224, USA
© der deutschen Ausgabe 1989 by
Projektion J Verlag GmbH, Postfach 1380, D-6203 Hochheim

ISBN 3-925352-25-2

Übersetzung: Frauke Horn
Umschlaggestaltung: Wolfram Heidenreich, Mainz
Gesamtherstellung: Schönbach-Druck GmbH, Erzhausen

INHALT

Kapitel 1

Lieben Sie sich selbst?

Lieben Sie sich selbst? *Mögen* Sie sich vielleicht sogar selbst? Jesus sagte: »Liebe deinen Nächsten wie dich selbst.« Die Voraussetzung dafür ist, daß man sich selbst liebt. Aber oft meinen wir, sich selbst zu lieben bedeute, mit Stolz und Eitelkeit erfüllt zu sein (was bisweilen auch tatsächlich der Fall sein kann). Meistens jedoch finden wir es schwierig, uns in einer gesunden, biblischen Weise selbst zu lieben; und wir finden es noch schwieriger, uns selbst zu *mögen*.

Bei Seminaren über innere Heilung habe ich Tausende von Menschen gefragt: »Wenn der Herr Ihnen sagen würde, am Sonntag zwischen zehn und elf Uhr können Sie Ihr Aussehen so verändern, wie Sie es am liebsten möchten — was würden Sie an sich ändern?« Manche sagten dann: »Meine Nase, meine Größe, mein Gewicht, meine Augenfarbe, meine Rasse etc.« Ich vermute jedoch, daß wir zwei Wochen später gerne etwas anderes ändern würden. Wir wären mit uns selbst immer noch nicht zufrieden.

Gott möchte, daß wir uns so mögen, wie er uns gemacht hat. Er möchte, daß wir uns selbst lieben. Dies ist einer der wichtigsten Bereiche in unserem Leben. Das Bild, das wir von uns selbst haben, und die Art, wie wir über uns denken, bestimmen, wie wir auf andere Menschen reagieren. Wenn ich zum Beispiel glaube, daß ich nichts tauge, minderwertig, wertlos, häßlich oder nicht liebenswert bin, dann werde ich Mühe haben, andere Menschen zu lieben. Es wird mir unmöglich sein, mich selbst zu lieben, und höchstwahrscheinlich werde ich es schwer finden, den Herrn zu lieben und seine Liebe für mich anzunehmen.

In unserer westlichen Welt wird in vielen Familien eine sehr schädliche Art der Kindererziehung praktiziert. Manche Eltern sind ihren Kindern gegenüber nicht sehr mitteilsam — es sei denn, irgend etwas ist nicht in Ordnung und eine Rüge ist angebracht. Folglich wird diesen Kindern der Eindruck vermittelt, daß sie tatsächlich nichts tun können, was richtig und annehmbar ist. Auch die besten Eltern verletzen auf diese Weise unwissentlich ihre Kinder. Dies geschieht hauptsächlich durch einen Mangel an Zuspruch; durch mangelndes Lob für alles, was dem Kind gelingt. Eltern müßten ihren Kindern täglich sagen: »Ich habe dich lieb«, und sie müßten ihre Kinder loben.

Die Kindheitsjahre bilden die Basis für die spätere Meinung des nun erwachsen gewordenen Menschen über sich selbst. Wenn ein Elternteil das Kind mit Ausdrücken betitelt wie zum Beispiel »doof«, »dumm«, »faul«, oder wenn es den Geschwistern erlaubt ist zu hänseln und sie es »Dickmops«, »Fettwanst«, »Bohnenstange« oder »Trottel« nennen, dann wächst das Kind höchstwahrscheinlich mit einem negativen Selbstbild auf.

Hänseln ist lieblos, Hänseln ist dumm, Hänseln ist falsch! Dies kann nicht oft genug gesagt werden. Hänseln verletzt, sticht, schmerzt. Und auch, wenn das betroffene Kind oder der Erwachsene zuerst am längsten oder lautesten lacht und sagt, daß es ihm nichts ausmache, so schmerzt es doch, wenn man mit negativen Spitznamen betitelt wird.

Wir haben viele Seelsorgegespräche mit Männern und Frauen geführt, die als Erwachsene innerlich sehr verletzt waren, weil ihnen in ihrer Jugend gesagt wurde, daß sie nicht gewollt waren, nichts taugten, ein Problem wären, viel Geld kosteten usw. Fragen wie: »Was ist denn los mit dir, kannst du denn gar nichts richtig machen?«, »Warum hast du nicht auch so gute Noten wie deine Geschwister?« oder: »Warum bist du bloß immer so tölpelhaft?« sind wie Giftpfeile. Sie setzen sich tief in unserer Seele fest. Diese und andere Fragen sind auf dem Band der Erinnerungen im Gehirn gespeichert. Das Band wird über Jahre immer wieder abgespielt: »Du taugst nichts«, »Du bist nutzlos«, »Du wirkst abstoßend«. Solche Worte zerstören das so empfindsame Selbstbild.

Kinder müssen Disziplin lernen; ohne Frage gehört zur Liebe auch Disziplin. Aber wir müssen es ohne Härte, Zorn oder Sarkasmus tun. Liebe, Standhaftigkeit und Gerechtigkeit sind zur Züchtigung notwendig.

Die Bibel sagt: »Reizt eure Kinder nicht zum Zorn, daß sie widerspenstig werden! Sondern erzieht sie mit Wort und Tat nach den Maßstäben, die der Herr gesetzt hat« (Eph. 6,4). Wir wissen, daß einige Menschen viel zu empfindlich und dünnhäutig sind. Aber es ist ein großer Unterschied zwischen einem Menschen, der derartig überempfindlich ist, daß ihn alles verletzt, und einem Menschen, der durch viele bissige Bemerkungen wirklich verletzt wurde.

Es ist nicht immer die Schuld der Eltern, wenn ein Mensch ein negatives Selbstbild hat. Ein Kind kann in einem liebevollen Elternhaus aufgewachsen sein, aber dann als Erwachsener einen herrischen, herabsetzenden Ehepartner geheiratet haben. Das Selbstbild einer Ehefrau wird großen Schaden leiden, wenn die Kinder immer an die erste Stelle gesetzt werden, wenn ihr Gesicht oder ihre Figur ständig mit anderen Frauen verglichen wird, oder wenn ihre Kochkünste stets den Vergleich mit denen ihrer Schwiegermutter aushalten müssen. Wenn der Ehemann von seiner nörgelnden Frau ständig daran erinnnert wird, daß er nicht ausreichend verdient, keine gute Stelle hat und unfähig ist, eine bessere zu bekommen — auch dann wird sein Selbstbild verletzt.

In welcher Situation Sie sich auch immer befinden mögen — vernachlässigt von rebellischen Kindern, kritisiert von einem überzogen anspruchsvollen Chef, gedemütigt von einem frustrierten Vorgesetzten —, all dies könnte Risse in dem Fundament Ihres Selbstbildes verursachen, so daß es langsam zu zerbröckeln beginnt.

Die Psychiater weisen darauf hin, daß unser Selbstbild von dem Verhalten anderer Menschen uns gegenüber geprägt wird. Wenn andere Menschen uns liebevoll und positiv gesinnt sind, neigen wir zu einem guten Selbstbild. Wenn nicht, neigen wir dazu, ein negatives Selbstbild zu entwickeln.

Die Qualität unserer Liebe für andere Menschen hängt von der Qualität unserer Liebe zu uns selbst ab und auch davon, was wir von uns selbst denken. Oftmals glauben sehr schöne Frauen, daß sie häßlich sind, oder gutaussehende Männer finden sich selbst äußerst unattraktiv. Im Gegensatz dazu kann eine weniger attraktive Person sehr selbstbewußt sein und ein gutes Selbstbild haben.

Kapitel 2

Die wichtigsten Ursachen eines negativen Selbstbildes

Es gibt drei Hauptproblembereiche, die uns daran hindern, ein positives Selbstbild zu entwickeln: Ablehnung, Schuld und Perfektionismus.

Ablehnung

Wie wir bereits erwähnt haben, hat ein Mensch, wenn er als Kind gehänselt, mißhandelt oder nicht gewollt worden ist, mit großer Wahrscheinlichkeit ein negatives Selbstbild. Aber die gute Nachricht ist, daß *Jesus diese inneren Verletzungen heilen kann.*

Ich (Betty Tapscott) betete einmal für eine Frau, die ein extrem negatives Selbstbild hatte.

Während des Seelsorgegespräches teilte sie mir mit, daß ihr Vater einen Sohn haben wollte — und als sie dann geboren wurde, gab man ihr den bereits ausgesuchten Jungennamen.

Später ließ der Vater sie Jeans anziehen und nahm sie mit auf die Farm, damit sie dort alle möglichen Arbeiten verrichtete. Wie sie erzählte, kam dann ein weiteres Baby, ein sehr hübsches kleines Mädchen. Die Eltern liebten dieses kleine Mädchen sehr, und als es älter wurde, durfte es Klavierunterricht nehmen. Als sie auch Klavierunterricht haben wollte, sagte man ihr, daß dafür kein Geld vorhanden sei. Sie war groß und fühlte sich etwas linkisch; ihre Schwester dagegen war klein, zierlich und agil. Ich bemerkte, daß sie nicht einmal lächeln konnte, während sie mir ihre Geschichte erzählte. Ich hatte geradezu den Eindruck, daß ihr Gesicht einen Sprung bekommen würde, sollte diese Frau einmal lächeln.

Wir baten den Herrn, die Ketten der Ablehnung, der Minderwertigkeit, des Mangels an Selbstbewußtsein und das falsche Selbstbild zu zerbrechen. Dann baten wir ihn, die Wunden der Vergangenheit zu heilen, die Leere zu füllen und ihr die Liebe des Vaters zu geben, die sie nie erfahren hatte. Die Kraft des Herrn kam auf sie. Er heilte sie — und das erste, was passierte, war, daß sie Freude empfing und zu lächeln begann. Ihr Gesicht strahlte. Sie hatte ein neues Selbstbild bekommen. Sie fühlte sich als Person anerkannt, und sie ging hinaus mit dem Entschluß, Zeugin Jesu zu sein.

Ich (Father Robert DeGrandis) habe mit einigen Gruppen junger Leute gesprochen und sie gefragt, welche von ihnen glaubten, daß sie von ihren Eltern geliebt seien. Ich kannte diese Kinder und auch ihre Eltern. Ich wußte, daß sie bedingungslos geliebt wurden. Aber nicht ein einziges Kind war sich ganz sicher, daß es von seinen Eltern auch wirklich geliebt wurde. Die Ungewißheit, ob man wirklich geliebt ist, hat schon immer zu Unsicherheit geführt. Ich fragte die jungen Leute, wie viele von ihnen glaubten, daß ihre Eltern ihre Geschwister mehr lieben, und hundert Prozent antworteten, daß sie so dächten. Es gibt so viel Unsicherheit!

Eines der größten Probleme bei jungen Leuten ist heutzutage das Gefühl der Ablehnung. Wir haben es alle in uns. Wir hören Leute sagen: »Wenn die anderen mich wirklich kennen würden, dann würden sie mich nicht mögen; sie würden mich niemals akzeptieren.« Als Priester oder Seelsorger wissen wir, daß sich dieses Problem jedem Menschen in gleicher Weise stellt. Manche sagen uns: »Sie haben dies sicher noch nie gehört . . .« — aber es ist genau das gleiche Problem, mit dem sich auch andere abmühen, genau das gleiche Problem des Menschseins.

Schuld

Schuld ist ein weiterer Grund für ein negatives Selbstbild. Dies gilt besonders, wenn wir uns selbst nicht vergeben wollen und denken, daß Gott uns unsere Sünden nie vergeben wird. Gott sagt in Hebräer 10,17: »Ich will nie mehr an ihre Sünden und an ihre bösen Taten denken.« Je leichter wir unsere Fehler zugeben und unsere Schwächen eingestehen, desto eher können wir uns so annehmen, wie wir sind.

Ich (Betty Tapscott) erinnere mich an ein Seelsorgegespräch mit einer jungen Ehefrau, die hochgewachsen und sehr attraktiv war, aber ein schlechtes Selbstbild hatte. Sie trug ihre Haare wie einen Vorhang über ihren Augen, als ob sie damit ausdrücken wollte: »Wenn Sie mich sehen könnten und wirklich kennen würden, dann würden sie mich nicht mögen — weil ich mich selbst nicht mag.«

Und warum? Was war der Grund für ihr schlechtes Selbstbild? Sie hatte ihre Eltern enttäuscht, als sie mit 15 Jahren schwanger wurde und heiraten »mußte«. Danach konnte sie nicht ihr Abitur machen. Ihr junger Ehemann wurde in okkulte Praktiken, Drogen und Sex-Affären verwickelt. Sie sank von einer hohen gesellschaftlichen Ebene ganz nach unten. Kein Wunder, daß ihr Selbstbewußtsein und Selbstbild zerstört waren. Aber durch viel Gebet und die Heilung ihrer Erinnerungen begann Gott, an ihr zu wirken.

Die Bibel sagt: »So gibt es nun keine Verdammnis mehr für die, welche in Christus Jesus sind« (Röm. 8,1). Oftmals kann man sich selbst nicht leiden, weil man sehr viel Negatives in sich angesammelt hat. Nicht nur während der Kindheit, sondern auch im Verlauf der späteren Jahre verfallen wir in Fehler, Gewohnheiten, Schwächen und Sünde. Wir haben Mühe, uns selbst zu vergeben.

Unversöhnlichkeit baut sich mehr und mehr auf, und wir empfinden ein überwältigendes Gefühl von Unwürdigkeit. Der Herr möchte, daß jeder erkennt: Wenn man um Vergebung der Sünden bittet, dann sind sie vergeben. In 1. Johannes 1,9 steht: »Wenn wir aber unsere Sünden bekennen, so ist er treu und gerecht, daß er uns die Sünden vergibt und uns von aller Ungerechtigkeit reinigt.«

Es ist wichtig, daß wir alle unsere Schuld dem Herrn bringen, denn er ist der einzige, der unser Selbstbild ändern kann. Kein Psychologe oder Psychiater kann unser Selbstbild wirklich tiefgehend ändern. Nur der Herr kann in die Vergangenheit zurückwirken. »Jesus Christus ist derselbe gestern, heute und in Ewigkeit« (Hebr. 13,8). Er kann unsere Sünden vergeben und gibt uns Gnade, uns selbst zu vergeben. Er kann unsere Wunden wirklich heilen.

Perfektionismus

Wir denken oft, eine Sache sei wertlos, wenn sie nicht ganz perfekt ist. Eine Frau glaubt, daß sie eine perfekte Ehefrau, Mutter, Jugendleiterin, Köchin, Großmutter und Schwiegermutter sein muß. Wenn ihre Figur nicht der der »Miss World« gleicht, fühlt sie sich vielleicht schon minderwertig. Oder sie vergleicht ihre hausfraulichen Fähigkeiten mit denen ihrer Nachbarin. Der Mann von heute denkt vielleicht, daß er weniger wert sei als andere Männer, wenn er nicht groß und athletisch gebaut ist. Sein Selbstbild wird leicht bestimmt von seinem Haus, seinem Auto, seiner Yacht, seinem Erfolg oder seinem Bankkonto.

Der Herr besteht nicht darauf, daß wir perfekt sein sollen. Manchmal sehen wir — auch innerhalb der Gemeinde — Menschen, die nach Perfektion streben. Religion wird zu einer Belohnung. Wir hören die Worte: »Wenn ich gut genug bin, dann kann ich in die Kirche gehen« oder: »Wenn ich mein Leben in Ordnung gebracht habe, dann gehe ich zur Kirche.« Diese Denkweise stammt aus unserem Familienleben. »Mutter und Vater werden dich liebhaben, wenn du gut bist und Einsen nach Hause bringst« usw. Dies ist Leistungsdenken in reinster Natur. Du wirst in dem Maße geliebt, wie du Leistungen produzierst. Dieses Denken übertragen wir instinktiv auf unsere Beziehung zum Herrn.

Aber Gottes Liebe ist bedingungslos. Menschen sind oft übersensibel, wenn es um ihre Sündhaftigkeit geht. Sie sagen: »Der Herr kann mich nicht lieben, weil ich die Dinge getan habe, die ich getan habe.« Aber der Herr sagt: »Ich habe dich je und je geliebt — darum habe ich dich zu mir gezogen aus lauter Güte« (Jer. 31,3). Der Herr stellt keine Bedingungen für seine Liebe.

Kein Wunder, daß Menschen, die Perfektionisten sind, sich innerlich nie wirklich wohl fühlen können, denn sie können den Standards, die sie sich selbst auferlegt haben, niemals ganz gerecht werden. Diese Menschen sagen immer wieder: »Wenn doch nur . . .«, »Ich wünschte, ich hätte . . .«, »Ich hätte lieber doch . . .«. Ein Mensch, der selbst unsicher ist, macht andere ebenfalls unsicher mit Kommentaren wie: »Warum hast du nicht . . .« oder: »Wenn ich du wäre, würde ich . . .«. Die Fähigkeit, Entscheidungen zu treffen, ist nicht vorhanden — und das führt zwangsläufig zu einem schlechten Selbstbild.

Für jemanden, der ein schlechtes Selbstbild hat, ist es schwierig, Lob oder Komplimente anzunehmen. Zum Beispiel:

Kompliment: »Das ist aber ein schönes Kleid!«

Reaktion: »Oh, vielen Dank, aber es ist schon alt«

Kompliment: »Das war eine gute Predigt!«

Reaktion: »Oh, sie war aber zu lang« oder: »Ich habe aber den vierten Punkt vergessen.«

Jeder Mensch kann einmal auf die Nase fallen. Jeder macht Fehler, jeder versagt ab und zu, und es kann weh tun und peinlich sein. Aber wie wunderbar ist es, wenn wir zu dem Punkt kommen, wo wir über unsere eigenen Fehler lachen können. Wir brauchen alle Sinn für Humor. Wir sollten alle in der Lage sein, sagen zu können (nachdem wir uns vom ersten Schock erholt haben): *»Wie dem auch sei — preist den Herrn!«*

Kapitel 3

Eines der tiefsten Bedürfnisse des Menschen: Selbstachtung

Es wurden bereits einige ausgezeichnete Bücher über die Themen »Selbstbild«, »Selbstachtung« und »Innere Heilung« geschrieben. Wir möchten hier kurz erwähnen, was einige christliche Autoren über diese Themen zu sagen haben.

Robert Schuller schreibt in seinem Buch »*Self Esteem*«, daß das größte Verlangen des Menschen »sein Hunger nach Selbstachtung, Selbstwert und persönlicher Würde ist. . . . Ein Mensch kann ohne Macht und Vergnügen überleben, aber er kann nicht überleben, wenn er jeden Funken Stolz seines Menschseins verliert. . . . Unsere Selbstachtung — sei sie groß oder klein — wird jeden Bereich unseres Lebens beeinflussen. . . . Christus setzt nie eine Person herab.«

»Denn Gott hat seinen Sohn nicht in die Welt gesandt, daß er die Welt richte, sondern daß die Welt durch ihn gerettet werde« (Joh. 3,17).

»Er baut auf, errettet und heiligt Mensch und Charakter. Wir können sogar daraus folgern — zumindest annehmen —, daß das Maß der Herrschaft Christi in einem Leben an dem Grad der christlichen Selbstachtung gemessen werden kann.« [1]

Dies stimmt genau mit den Worten von David Seamands in seinem Buch »*Putting Away Childish Things*« überein:

»Nur, wenn ich mich Gott hingebe, wenn ich ihm erlaube, der Mittelpunkt meines Lebens zu sein, wenn ich mich unter seine Herrschaft stelle und mit seiner Liebe erfüllt bin, kann ich ihn mit meinem ganzen Wesen lieben. Nur dann habe ich wirklich Selbstachtung und Selbstliebe, die es mir ermöglicht, andere Menschen zu lieben. Man kann diese Reihenfolge nicht umkehren und zum gleichen Ergebnis kommen. Erst dann kann das wahre Selbst anerkannt, angenommen, verbessert und zu seinem vollen Potential entwickelt werden. Wenn Gott wirklich Gott ist, dann kann ich wirklich sein, wer ich bin. ›Ich muß ich sein‹, heißt es in einem Lied. Natürlich!

Aber ich kann nicht ich sein, bevor Er wirklich Er ist. Wenn Gott der Mittelpunkt meines Lebens ist, dann kann ich der sein, der ich wirklich bin, weil mein Wesen auf Gott ausgerichtet ist.

Ich muß über die Philosophen und und Psychologen schmunzeln, die behaupten, daß die christliche Auffassung von Selbsthingabe das Selbst zerstört, daß es unser Mann- oder Frausein hemmt, daß es Selbstverwirklichung verhindert oder die Menschen davon abhält, höchste Leistungen zu bringen. Je tiefer ich mich zu den Füßen Jesu Christi beuge, desto höher stehe ich in meinem eigenen einzigartigen Selbstsein. Gekettet an Christus als sein Sklave werde ich frei, und zum ersten Mal kann ich so sein, wie ich bin. Mein Wesen ist befreit vom Zwang, jemand zu sein, der ich nicht bin und niemals sein soll. Die Folge ist, daß Sie und ich das werden können, was wir sein sollen.«[2]

Norman Wright schreibt in seinem Buch *»Improving Your Self-Image«:* »Die Masken, ... die wir jahrelang trugen, werden in der Gegenwart Gottes in dem Maße entfernt, wie wir herausfinden, daß er uns so annimmt und liebt, wie wir sind — trotz unserer Fehler!

Manchmal sind wir verwirrt, und dann stärken wir unser schwaches Selbstbild, indem wir Selbstgespräche führen. Jeder spricht mit sich selbst. Für einige sind die Botschaften nur positiv. Aber für andere sind sie immer negativ. Wenn jemand in einer Gruppe von Menschen nicht mit uns spricht, fragen wir uns: ›Warum hat John mich wohl nicht begrüßt? Na ja, vielleicht ist er sehr beschäftigt. Er hatte in letzter Zeit viele Probleme. Ich werde ihn später sprechen oder anrufen.‹ Diese Person hat die Situation positiv und objektiv behandelt. Aber eine andere Person denkt vielleicht folgendermaßen: ›Warum hat er nicht mit mir gesprochen? Vielleicht mag er mich nicht? Habe ich ihn vielleicht beleidigt?‹ Negative Selbstgespräche führen zu einem schlechten Selbstbild.«[3]

Ähnliches schreibt auch Mark Kinzer in seinem Buch »*The Self-Image of a Christian*«:

»Wir müssen Buße tun, wenn wir dem Selbstmitleid oder der Ichbezogenheit nachgeben, nachdem wir unserem ›negativen Radiosender‹ zugehört haben. Denn sobald wir von unserer Wertlosigkeit überzeugt sind, ziehen wir uns von unseren Mitmenschen zurück und denken nur noch über uns selbst nach. ›Wieso bin ich so geworden? Warum muß ich diese Last tragen? Wie bringe ich Menschen dazu, mich gern zu haben?‹ Fragen wie diese stürzen uns in einen psychischen Irrgarten, der uns immer tiefer in uns selbst hineinführt, bis wir total an der Wahrheit vorbeigehen. Die Menschen um uns herum erleben uns dementsprechend als launisch, deprimiert, nach innen gekehrt und unfähig, mit Eifer und Freude zu dienen.«[4]

Norman Wright schreibt auch: »Wenn wir an Jesus, den Sohn Gottes, und an sein Wort glauben, das sagt, daß wir für den Herrn wichtig sind und Jesus für uns starb, dann müssen wir zustimmen, daß jeder von uns wertvoll ist — egal, was andere Menschen über uns sagen oder denken. Sie sollten sagen: ›Mein Wert basiert nicht auf dem, was ich tue oder was ich im

Leben erreiche, sondern er basiert darauf, wer ich als Person bin. *Mein Vater ist der König. Ich bin ein Sohn / eine Tochter des himmlischen Vaters.*«[5]

In einem Zeitungsartikel schrieb Charles F. Kemp: »Oftmals übersehen Menschen ihre guten Eigenschaften. Wenn Sie einen Groschen ganz nah an Ihr Auge halten, dann sehen Sie nicht das Sonnenlicht. Und ähnlich schauen Menschen oft so lange auf ihre negativen Eigenschaften, daß sie ihre guten vergessen. Jeder hat gute Eigenschaften. Wir müssen nach diesen Ausschau halten.

Viele Menschen haben falsche, unrealistische Erwartungen an sich selbst und bestrafen sich dann mit Selbstablehnung, wenn sie diese Erwartungen nicht erfüllt haben. Einige vergleichen sich mit anderen und sehen dabei schlecht aus. Man muß sich auch fragen: ›Ist es falsche Demut, die mich dazu veranlaßt, mir selbst zu mißfallen?‹ Einige meinen irrtümlicherweise, es sei Ausdruck von Eitelkeit, eine gute Meinung von sich selbst zu haben. Demut heißt nicht, daß wir unsere Stärken verleugnen oder auf uns selbst herabschauen; sie bedeutet, daß wir unsere menschlichen Grenzen erkennen und uns unserer Abhängigkeit von Gott bewußt sind.«

Einige Menschen haben ein schlechtes Selbstbild und sorgen sich immer darüber, was »andere« wohl von ihnen denken. Charles F. Kemp sagt: »Meistens denken ›andere‹ aber gar nicht so über uns nach. Sie sind viel zu sehr beschäftigt mit ihren eigenen Problemen, als daß sie sich auch noch über uns allzu viele Gedanken machen würden. Zweitens denken gute Freunde sowieso nicht Schlechtes über uns.« Und er rät, uns selbst die Frage zu stellen, ob der entsprechende Punkt in fünf Jahren noch so wichtig sein wird — oder auch nur in einem Monat. »Wenn wir meinen, daß Menschen schlecht über uns denken, tun sie es oftmals in Wirklichkeit gar nicht. Dies ist ein psychologischer Mechanismus, der sich Gedankenprojektion nennt. Wenn wir mit uns selbst unzufrieden sind, projizieren wir diese Gedanken auf andere und meinen, daß sie auch nicht gut über uns denken.«[6]

Wir können sehen, daß etliche bedeutende christliche Autoren in ihren Büchern darin übereinstimmen, wie wichtig es ist, daß Menschen ein gesundes und heiles Selbstbild haben, das auf Jesus Christus ausgerichtet ist. Selbstachtung heißt nicht, auf sich zu schauen, wie einige vielleicht meinen; es ist nicht Stolz oder Eitelkeit — ganz im Gegenteil! Es bedeutet, das zu tun, was Gott uns geboten hat: *»Liebet einander!«*

Gottes Wort sagt: »Ein neu Gebot gebe ich euch, daß ihr euch untereinander liebt, wie ich euch geliebt habe, damit auch ihr einander lieb habt« (Joh. 13,34-35). »Liebe ist mit Sicherheit der Kern, das zentrale und verbindende Thema in den Lehren Jesu Christi. Wir sind uns dessen in dem Sinne bewußt, daß wir lieben, teilen, offen sein, vergeben und helfen wollen. Aber dies fällt uns oft nicht leicht. Sie können nicht geben, was Sie nicht haben. Es ist fast unmöglich, andere zu lieben, es sei denn, Sie haben ein gutes Selbstbild. Das Gebot Jesu Christi ist, daß wir einander lieben, so wie er uns liebt. Wir können dies umdrehen und sagen: Liebe dich selbst so, wie ich dich geliebt habe. Liebe fängt bei dir selbst an.«[7]

Kapitel 4

Zwölf biblische Wege zu einem positiven und göttlichen Selbstbild

Wir müssen uns immer daran erinnern, daß *Gott uns wirklich liebt.* Wir sind Kinder Gottes. Er möchte, daß wir uns selbst mögen, daß wir voller Zuversicht sind und ein positives Selbstbild haben.

In seinem Buch »*The Self-Image of a Christian*« schreibt Mark Kinzer über Gefühle, mit denen wir alle schon gerungen haben: »Obwohl ich im Prinzip keine ängstliche Person bin, war ich manchmal in Versuchung, zaghaft zu sein, was mich davon abhielt, anderen zu dienen — zum Beispiel, wenn ich in der Hauszellgruppe oder bei einem Gebetstreffen Zeugnis geben sollte. Dann saß ich oft wie angewurzelt auf meinem Stuhl, wohl wissend, daß ich etwas beizutragen hatte, jedoch zu ängstlich, um aufzustehen und zu sprechen. Meistens habe ich die Angst besiegt und gesprochen — die Angst weicht dann sofort zurück. Aber es gab auch Zeiten, wo die Angst mich zurückhielt, anderen weiterzugeben, was Gott mir gegeben hatte. Oftmals schließt uns dieses Schema noch fester in unser schlechtes Selbstbild als ›Versager‹ ein.«[8]

Wie können wir dann unser Selbstbild verbessern? Wo fangen wir an? Hier sind zwölf biblische Schritte[9], die uns helfen können, ein göttliches Selbstbild zu entwickeln. Wir müssen Gottes Wort in unserem Geist aufnehmen, wo es gepflegt wird, wächst und neues Leben hervorbringt.

1. Erinnern Sie sich täglich daran, wessen Kind Sie sind und daß Gott sagt: ». . . weil du in meinen Augen so wert geachtet und auch herrlich bist und weil ich dich liebhabe« (Jes. 43,4). »Ich habe dich je und je geliebt — darum habe ich dich zu mir gezogen aus lauter Güte« (Jer. 31,3).
2. In welcher Situation oder vor welcher Aufgabe Sie auch stehen mögen, lesen Sie täglich diesen Vers: »Ich vermag alles durch den, der mich mächtig macht — Christus« (Phil. 4,13).
3. Wenn Furcht und Angst Sie zu überwältigen drohen, erinnern Sie sich daran, daß Gottes Wort sagt: »Denn Gott hat uns nicht den Geist der Furcht gegeben, sondern der Kraft, der Liebe und der Besonnenheit« (2. Tim 1,7). Es sagt auch: »Furcht ist nicht

in der Liebe, sondern die völlige Liebe treibt alle Furcht aus« (1. Joh. 4,18). »Der Herr ist mein Helfer, ich will mich nicht fürchten; was kann mir ein Mensch tun?« (Hebr. 13,6).

4. Geben Sie täglich an Güte, Liebe, Sanftmut, Barmherzigkeit und Freundschaft weiter, denn in dem Maße, wie Sie geben (die Samen des Guten pflanzen), werden Sie ernten. »Die Frucht der Gerechtigkeit aber wird gesät in Frieden für die, die Frieden stiften« (Jak. 3,18).

5. Denken Sie ohne Stolz oder Selbstsucht an die Dinge, die Sie gut machen — und dann danken Sie Gott dafür, daß er Ihnen hilft, diese Dinge zu seiner Ehre zu tun. »Und dient einander, ein jeder mit der Gabe, die er empfangen hat, als die guten Haushalter der vielfältigen Gnade Gottes« (1. Petr. 4,10).

6. Wenn Gefühle von Minderwertigkeit, Ablehnung, Schuld, Furcht, Angst, Versagen, Hoffnungslosigkeit, Unwürdigkeit oder Groll Sie zu überwältigen drohen, dann erkennen Sie, daß diese vom Feind kommen. Wenn Sie Christ sind und um Vergebung gebeten haben, können Sie im Namen Jesu den Widersacher binden: »Was ihr auf Erden binden werdet, soll auch im Himmel gebunden sein, und was ihr auf Erden lösen werdet, soll auch im Himmel gelöst sein« (Mt. 18,18).

7. Bewahren Sie Worte des Lobpreises auf Ihren Lippen und in Ihren Gedanken. Denn wenn Sie Gott preisen, schauen Sie von sich selbst weg (von Gefühlen des Versagens, der Unzulänglichkeit oder der Traurigkeit) und schauen auf Jesus. »Seid allezeit fröhlich, betet ohne Unterlaß, seid dankbar in allen Dingen, denn das ist der Wille Gottes in Christus Jesus an euch« (1. Thess. 5,16-18). »Was wahrhaftig ist, was ehrbar, was gerecht, was rein, was liebenswert ist, was einen guten Ruf hat — sei es eine Tugend, sei es ein Lob —, darauf seid bedacht!« (Phil. 4,8). »Ein fröhliches Herz tut dem Leibe wohl« (Spr. 17,22).

8. Strecken Sie sich danach aus, Christus ähnlicher zu werden. Wie es in dem Lied heißt: »So wie Jesus sein, so sein wie Er. Alles, was ich möchte, ist so sein wie Er.« Je mehr Sie Christus ähnlich werden, desto mehr wirken Sie mit der Liebe Christi auf andere Menschen anziehend, und dies gibt Ihnen das Gefühl des Angenommenseins. ». . . der verborgene Mensch des Herzens im unvergänglichen Schmuck des sanften und stillen Geistes: das ist köstlich vor Gott« (1. Petr. 3,4).

9. Achten Sie darauf, daß Ihre äußerliche Erscheinung durch Ordentlichkeit und Sauberkeit so vorteilhaft wie möglich ist. Pflegen Sie Ihre Haare, Ihren Körper und auch Ihre Kleidung. Man kann gut angezogen sein,

auch ohne daß es viel Geld kosten muß. »Denn niemand hat je sein eigenes Fleisch gehaßt, sondern er nährt und pflegt es, wie auch Christus die Gemeinde. Denn wir sind Glieder seines Leibes« (Eph. 5,29-30). Gott sagt auch: »Reinigt eure Gedanken und eure Herzen, nicht nur euren Leib« (Jer. 4,4). »Wem eine tüchtige Frau beschert ist, die ist viel edler als köstliche Perlen! . . . Feines Leder und Purpur sind ihr Kleid« (Spr. 31, 10.22).

10. Bleiben Sie aktiv und kommen Sie Ihren Verpflichtungen nach (ob Sie Lehrer, Hausfrau, Mutter, Laborantin, Direktor, Student, Rechtsanwalt, Sekretärin oder Geschäftsführer sind). Vernachlässigen Sie auch Ihre Hobbys und Ihre sportlichen Aktivitäten nicht. Aber halten Sie Ihre Gedanken immer auf Christus gerichtet, denn die Bibel sagt: »Ein gelassenes Herz ist des Leibes Leben« (Spr. 14,30). Beten Sie täglich für inneren Frieden.

11. Lassen Sie nicht Neid oder einen Konkurrenzgeist aufkommen. Vergleichen Sie sich nicht mit anderen. »Habt ihr aber bitteren Neid und Streit in eurem Herzen, so rühmt euch nicht und lügt nicht der Wahrheit zuwider. Das ist nicht die Weisheit, die von oben herabkommt« (Jak. 3,14-15). »Laßt uns nicht nach eitler Ehre trachten, einander nicht herausfordern und beneiden« (Gal. 5,26). «Tut nichts aus Eigennutz oder um eitler Ehre willen« (Phil. 2,3).

12. In Sprüche 11,14 heißt es: »Wo es keinen weisen Rat gibt, da geht das Volk unter; wo aber viele Ratgeber sind, findet sich Hilfe.« Vielleicht gibt es einige, die professionelle Seelsorge brauchen oder auch tiefgehende Gebetsseelsorge für innere Heilung. Einige hatten vielleicht schreckliche Kindheitserlebnisse. Einige von Ihnen leben vielleicht mit einem Partner zusammen (ob Mann oder Frau), der Alkoholiker ist und Sie mißhandelt. Sie fühlen sich wertlos, zurückgewiesen und enttäuscht. Vielleicht werden Sie von Ihrem Mann geschlagen, oder Sie waren Opfer einer Vergewaltigung, oder Ihre Kinder wurden sexuell mißbraucht. Sie sind vielleicht mit emotionalem Schmerz, Zorn, Verwirrung oder Schuldgefühlen erfüllt.

Vielleicht denken Sie jeden Tag: »Wie kann ich überleben? Wie kann ich jemals wieder ein kreativer und emotional gesunder Mensch werden? Wie kann ich nur je wieder Selbstvertrauen haben oder Gott vertrauen, mich zu heilen?«

Wenn Sie so geschlagen, wund, gebrochen, emotional erschüttert und verletzt sind, dann brauchen Sie in jedem Fall Hilfe von einem professionellen gläubigen Seelsorger. Bitten Sie Ihren Pastor um Führung und Gebet. Vergessen Sie nicht: Es ist Gott, der heilt und der ein göttliches und positives Selbstbild gibt. Er möchte, daß *Sie* diese Gabe und diesen Segen empfangen.

Kapitel 5

Jodys Verwandlung

Eine der wunderbarsten und schnellsten Verwandlungen eines Selbstbildes, die ich jemals erlebt habe, geschah, als mein Sohn Steve (Gründer und Leiter von »Carpenter's Workshop«, einem christlichen Drogen-Rehabilitations-Zentrum) ein Mädchen zu unserem Seelsorgezentrum brachte, damit für es gebetet werden konnte. Ich werde es im folgenden Jody nennen (der Name wurde geändert).

Als Steve uns Jody vorstellte, konnte ich nicht einmal ihre Augen sehen, da ihre Haare sie verdeckten. Sie hatte eine gebeugte Kopfhaltung und sah niedergeschlagen, abweisend und betrübt aus. Nachdem sie mir in mein Büro gefolgt war, beteten wir kurz, daß Gott das Seelsorgegespräch leiten möge, und dann sagte ich: »Jody, die erste Frage, die ich jedem stelle, ist: Kennst du Jesus als deinen persönlichen Heiland?« Sie antwortete: »Ich habe ihn in mein Herz gebeten, aber ich habe mich so oft von ihm abgewandt, daß ich glaube, meine Errettung verloren zu haben.« Das erste, was wir taten, war, die Frage ihrer Errettung ein für allemal zu klären, so daß sie wirklich wußte, daß sie Jesus gehörte.

»Jody, erzähle mir von dir.« Oh, was für eine elende, traurige Geschichte, die aus dem Munde dieses kostbaren Mädchens kam!

Ihr Vater war Alkoholiker, und schon mit fünf Jahren trank sie die Reste aus Whiskey-, Gin-, Bier- und sogar Medizinflaschen.

Mein Herz brach, als sie mir erzählte, daß sie von Mitgliedern ihrer eigenen Familie sexuell mißbraucht worden war. Was hatte sie also noch für Zukunftsaussichten, als sie ins Teenageralter kam? Sie fiel immer tiefer in Sünde — Drogen, Prostitution, Alkohol: ein elendes, schmutziges Leben.

Nachdem sie ihre Geschichte erzählt hatte, fingen wir an, für innere Heilung zu beten, indem wir den Herrn baten, die Ketten der Sünde zu zerbrechen.

»Geist der Ablehnung, du bist gebunden und hinausgeworfen im Namen Jesu. Geist der Schuld und Verurteilung, du bist gebunden und hinausgeworfen im Namen Jesu. Geist des Selbsthasses, du bist gebunden und hinausgeworfen im Namen Jesu.«

Als der Heilige Geist all ihre Bindungen offenbarte, beteten wir für Befreiung. Die Bibel sagt: »Wenn euch nun der Sohn frei macht, so seid ihr wirklich frei« (Joh. 8,36). Und auch:

»Denn du hast ihr drückendes Joch, die Joch-
stange auf ihrer Schulter und den Stecken ihres
Treibers zerbrochen« (Jes. 9,3). Das ist genau
das, was Gott für Jody getan hat.

Ich begann dann, für die Heilung ihrer
schmerzlichen Erinnerungen zu beten. Ich bat
den Herrn, die innere Leere zu füllen und ihr
die Liebe eines Vaters und einer Mutter zu geben.

Dann verbrachten wir einige Minuten damit,
den Herrn zu bitten, ihr zu helfen, allen Leuten
zu vergeben, die sie verletzt hatten. Es waren so
viele Leute, von denen sie verletzt und verraten
worden war, und denen sie nun vergeben mußte.

Als wir über dem Zeitraum in ihrem Leben
beteten, wo sie sechs Jahre alt gewesen und in
die erste Klasse gegangen war, spürte ich sehr
stark den Geist der Dunkelheit, Bedrückung und
Einsamkeit. Ich fragte: »Jody, was ist in dieser
Zeit nur geschehen?«

Sie fing an, so bitterlich zu weinen, als ob
ihr Herz brechen würde — oder genauer gesagt,
als ob ein Damm gebrochen war und das ange-
staute Wasser endlich herausfließen konnte.

Als sie aufgehört hatte zu weinen, fragte ich
sie nochmals, was damals geschehen war.

Sie erzählte die folgende Geschichte: »O
Betty, wir waren so arm. Wir lebten im Armen-
viertel der Stadt. Wir hatten keine Toiletten
oder fließendes Wasser. So ging ich schmutzig
zur Schule, ohne richtige Kleidung. Ich hatte
nie das nötige Schulmaterial. Keines der Kinder
wollte mit mir spielen, weil ich so schmutzig

war. Dann wurde alles noch viel schlimmer — ich bekam Ringelflechte, und der Arzt und die Krankenschwester der Schule mußten meinen Kopf rasieren; dann mußte ich einen weißen Strumpf über meinem Kopf tragen.«

Das kleine Kind in ihr weinte und weinte, als sie sich an die Hänselei der anderen Kinder erinnerte. »Geh weg von uns! Du bist schmutzig! Du hast Ringelflechte! Wir wollen nicht neben dir sitzen. Frau Lehrerin, sagen Sie ihr, sie soll weggehen!« Und so weiter.

Als die Tränen versiegt waren, sagte ich: »Jody, Jesus liebt dich so sehr. Sein Wort sagt: Siehe, ich bin bei euch alle Tage. Er hat dich auch während dieser schlimmen Zeit nicht allein gelassen. Erlaubst du ihm, deine Hand zu nehmen und dich zu halten und zu lieben? Er will dir den Schmerz dieser Erinnerungen abnehmen und dir die Liebe geben, die du so dringend brauchst.«

Plötzlich sagte sie: »Betty, ich sehe Jesus. Er hält meine Hand. Er will bei mir sein. Er liebt mich. Er denkt nicht, daß ich häßlich bin. Er denkt nicht, daß ich schmutzig bin. Oh, er findet mich schön!«

Wir umarmten einander und freuten uns über diese Offenbarung, die der Herr ihr gegeben hatte. Als wir mit dem Gebet um innere Heilung am Ende angekommen waren, vergewisserte ich mich noch, daß sie auch mit dem Heiligen Geist erfüllt worden war. Und dann saß ich einfach einige Minuten lang da und schaute auf

38

diese wunderschöne junge Frau, die Gott so verwandelt hatte. Preis sei Gott!

Als sie schließlich aus meinem Büro heraustrat, war jeder erstaunt und voll Freude — was für ein herrliches Wunder! Sie hatte jetzt ihre Haare hinter den Ohren zurückgesteckt, hielt ihre Schultern gerade, hatte ein Leuchten in ihren Augen und trug den Kopf hoch. Oh, danke Herr — was für ein schönes Selbstbild!

Das Ende der Geschichte: Jody ging zurück auf die Universität und wurde Drogenberaterin. Ist diese Geschichte nicht einfach wunderbar? Ein vollkommenes Bild von Gottes Gnade, Vergebung, Heilung und Verwandlungskraft.

Der Schlüssel zu ihrer Heilung war Vergebung. Jody hatte sich entschlossen, all denen zu vergeben, die ihr weh getan hatten: den Familienmitgliedern, die sie sexuell mißbraucht hatten; ihrem Vater, der ihr das Trinken beigebracht hatte; den Männern, die ihren Körper als Prostituierte benutzt hatten; denjenigen, die sie mit Drogen bekannt gemacht hatten; dem Ehemann, der so gemein und sadistisch gewesen war und der versucht hatte, sie umzubringen. Sie hatte sich entschieden, anderen, sich selbst und sogar Gott zu vergeben und seine Vergebung anzunehmen.

Robert Schuller faßt es treffend zusammen: »Ein christusähnlicher Geist der Liebe kommt über uns wie ein Engel des Friedens, wenn wir uns entscheiden, die Gabe der Vergebung zu verschenken. Es segnet sowohl den Geber als auch

den Empfänger. Wenn wir den anderen vergeben, wo sie uns in unserer Würde verletzt haben, steigt auch unsere Selbstachtung.

Selbstachtung kann nicht existieren, wenn
nicht Groll und Schuld zuerst eliminiert werden. Beides muß durch die göttliche Gnade abge-
waschen werden, bevor wir uns innerlich wohl
fühlen können. Nun laßt uns entdecken, wie wir
von Schuld reingewaschen werden können und
uns persönlich vergeben werden kann!

Wie können wir die Vergebung empfangen,
die wir brauchen? Wie können wir die Vergebung empfangen, die uns von den dämonischen,
vernichtenden und schrecklichen Folgen unserer Schuld retten kann? Was wir dringend brauchen, ist ein klares christliches Verständnis von
klassischen Begriffen wie Sünde, Errettung und
Buße.«[10]

Was gibt es dem noch hinzuzufügen?

Kapitel 6

Nur Gott kann Ihr Selbstbild heilen

Wir müssen den Herrn bitten, ein mächtiges Werk der Heilung im Blick auf unser Selbstbild zu wirken. Von allen Arten der Heilung ist dies vielleicht die wichtigste: daß der Herr unser Selbstbild heilt, daß wir uns so sehen, wie er uns sieht. Wir sind als Ebenbild Gottes geschaffen.

Er hat uns durch sein Blut reingewaschen, und wir sind durch ihn erlöst. Wir sind durch seinen Tod am Kreuz gerettet. Er starb für uns. Wenn der Vater uns anschaut, sieht er Jesus, weil es das ist, was es ihn gekostet hat: *Jesus!* Jesu Blut hat uns gerettet, und deswegen sind wir ein heiliges Volk, ausgesondert von Gott.

Wir müssen von der negativen Einstellung uns selbst gegenüber geheilt werden. Wir sind wunderbar geschaffen und schön: das Werk seiner Hände, seiner Erlösung. »Ist jemand in Christus, so ist er eine neue Kreatur, das Alte ist vergangen — siehe, es ist alles neu geworden« (2. Kor. 5,17).

Wenn Gott mein Vater ist und ich zu seiner Familie gehöre, *dann bin ich jemand.* Dies löscht meine Minderwertigkeitsgefühle ein für allemal aus. Ich habe dann eine solide Grundlage, auf der sich ein gesundes Selbstbild entwickeln kann.

In seinem Buch zitiert Robert Schuller dieses schöne, einfühlsame Gedicht:

»Ob ich jung bin oder alt,
ich bin jemand —
denn ich bin Gottes Kind.

Ob ich gelehrt bin oder ungebildet,
ich bin jemand —
denn ich bin Gottes Kind.

Ob ich reich bin oder arm,
ich bin jemand —
denn ich bin Gottes Kind.

Ob ich füllig bin oder schlank,
ich bin jemand —
denn ich bin Gottes Kind.

Ob ich verheiratet bin oder geschieden,
ich bin jemand —
denn ich bin Gottes Kind.

Ob ich Erfolg habe oder versage,
ich bin jemand —
denn ich bin Gottes Kind.

Ob ich gerade in Sünde fiel
oder heilig lebe, ich bin jemand —
denn ich bin Gottes Kind.

Denn Jesus ist mein Erlöser —
ich bin Gottes Kind.«[11]

Weil ich »jemand« bin, kann ich mehr vollbringen, als ich je vermutet habe.

Mark Kinzer schreibt in seinem Buch »The Self-Image of a Christian«: »Wir alle haben Gaben, wir alle haben Stärken; wir alle haben eine wichtige Aufgabe zu erfüllen in dem großen Plan Gottes. Dies ist eine Wahrheit, die wir glauben und in unser Leben einlassen müssen. Wenn wir alle im Plan Gottes eine Rolle spielen, wie können wir dann wertlos sein?«[12]

Er sagt aber auch, daß viele Menschen nur sehr zögernd von ihren Gaben Gebrauch machen, wie zum Beispiel von der Gabe der Musik. »Ängstlichkeit hält uns manchmal davon ab, unsere Stimme und musikalische Fähigkeit zu gebrauchen, um den Herrn zu verherrlichen und unsere Geschwister damit aufzubauen. ... Ängstlichkeit ist ein sehr unglücklicher Zustand. Sie wird durch mangelndes Selbstvertrauen verursacht und trägt zu Verunsicherung, mangelnder Selbstsicherheit und Selbstzweifel bei.«[13]

Aufgepaßt, alle Jodys und anderen verletzten Menschen dieser Welt, die ihr euch fragt, wer ihr seid: Wir möchten euch wissen lassen, daß Jesus darauf wartet, euer persönlicher Heiland zu werden!

Alles, was Sie tun müssen, ist, ihn um die Vergebung Ihrer Sünden zu bitten und ihn in Ihr Herz einzuladen. Jesus wartet darauf, Sie mit dem Heiligen Geist zu erfüllen. Er wartet darauf, Sie zu heilen: körperlich und emotional.

Er wartet darauf, Ihnen sagen zu können, daß Sie sein Kind sind — und darum eine wertvolle Persönlichkeit.

Kapitel 7

Wie Sie Kindern ein gutes Selbstbild vermitteln

Da das Selbstbild zu großen Teilen in der Kindheit geformt wird, stellt sich für uns als christliche Eltern, Seelsorger, Lehrer oder Pastoren die wichtige Frage, wie wir den Menschen, mit denen wir in Berührung kommen — und insbesondere Kindern —, ein gesundes Selbstbild vermitteln können.

Wir möchten dazu noch einmal einige herausragende christliche Autoren — Psychologen, Lehrer und Prediger — zum Thema »Selbstbild und Selbstachtung« zitieren.

Die Autorin des Artikels »*Your Child's Self-Esteem: The Key to His Life*« schreibt: »Selbstachtung sollte nicht mit Eitelkeit verwechselt werden. Ein eitler Mensch hat meist ein schlechtes Selbstbild und sucht nach Aufmerksamkeit.

. . . Meistens ist das Vorbild schon bis zur Vollendung des 6. Lebensjahres vorstrukturiert . . .« — hier fügt die Autorin hinzu: ». . . aber es ist noch nicht fest geformt und festgefahren.«[14]

Bruce Narramore bringt besonders Eltern nahe: »Neunundneunzig Komplimente machen kaum eine Kritik wieder gut! Denken Sie an Ihr eigenes Leben. Erinnern Sie sich nicht viel eher an Kritik als an Lob? Lob, Annahme, Geduld und Zuspruch tragen sehr viel dazu bei, daß ein Kind eine gesunde Haltung sich selbst gegenüber entwickelt.«[15]

Shirley Stansberry, die 1977 in einem großen Schulbezirk als Lehrerin des Jahres ausgezeichnet wurde, hat es sich zum Ziel gesetzt, täglich jeden ihrer Schüler zu loben. Was für ein ausgezeichneter Weg, das schwache Selbstbewußtsein eines Kindes zu stärken! Shirley ist nicht nur eine Lehrerin ›par excellence‹, sie ist auch eine sehr gesegnete Bibelschullehrerin in einer Baptistengemeinde mit über 15 000 Mitgliedern.

In einem Artikel gibt Caren Buffum vier Richtlinien:

1. Wir müssen innere Qualitäten mehr betonen als Leistungen.
2. Wir müssen auf die Stärken schauen, aber nicht in allen Bereichen Perfektion erwarten.
3. Wir müssen die Eigenarten und Andersartigkeiten unserer Kinder annehmen.
4. Wir müssen unsern Kindern vermitteln, daß sie bedingungslos geliebt sind.[16]

Der Artikel zeigt sehr deutlich, daß Kinder ermutigt werden sollten, gute Arbeit zu leisten und gute Noten zu bekommen; daß sie auf der anderen Seite aber auch gelobt werden sollten, wenn sie sanftmütig sind, Mitleid zeigen, Freude stiften, sich selbstlos verhalten oder christliche Prinzipien anwenden.

Es ist sehr schädlich für das Selbstbild eines Kindes, wenn es denkt, daß es seine Eltern oder Lehrer nie zufriedenstellen kann, oder wenn die Ziele ständig höher gesetzt werden und nie erreicht werden können. Kinder sollten auch niemals miteinander verglichen werden. Wir müssen sie so annehmen, wie ihre Natur ist.

In Galater 6,4 steht: »Ein jeder aber prüfe sein eigenes Werk; und dann wird er seinen Ruhm bei sich selbst haben und nicht gegenüber einem anderen.«

Die Autorin des Zeitungsartikels schreibt weiter: »Als christliche Eltern müssen wir der Tatsache ins Auge sehen, daß Kinder, die Jesus ihr Leben geben, als Folge oft von ihren Gleichaltrigen abgesondert sind. Dies ist ganz besonders der Fall, wenn sie ins Gymnasialalter kommen, in dem ihre Ideen und Werte von ihren Altersgenossen oft als dumm und altmodisch eingestuft werden. Um damit umgehen zu können, müssen sie von ihrem Glauben überzeugt sein und ein gesundes Selbstbewußtsein haben, so daß sie weder den Glauben noch sich selbst verwerfen, wenn sie auf Spott oder Ablehnung stoßen.« [17]

Als Eltern müssen wir unseren Kindern vermitteln können, daß wir sie lieben, was auch immer passieren mag. »Kinder, die glauben, daß sie die Liebe ihrer Eltern erst verdienen müssen, kommen zu dem Schluß, daß sie sich auch Freundschaften verdienen müssen. Es fällt ihnen schwer zu glauben, daß andere sie so mögen und annehmen, wie sie sind. Sie verbrauchen damit ihre Energie, Leistungen zu vollbringen und ihre äußere Erscheinung so positiv wie möglich zu gestalten, statt daß sie ihre Beziehungen zu anderen Menschen vertiefen und sich daran erfreuen. Und wenn sie älter werden, haben es solche Kinder sehr schwer zu glauben, daß Gott sie so liebt, wie sie sind.«[18]

Ein weiteres wichtiges Thema ist die Mißhandlung von Kindern. Die Tragik von Kindesmißhandlung kann einem das Herz brechen. Wir sind empört über das Ausmaß von Kinderpornographie und die scheinbare Gleichgültigkeit vieler Regierungsbeamter, dieses krebsartige Geschwür zu entfernen. Wenn es weiter wächst, wird es zum Zusammenbruch des Fundamentes der Familie — oder sogar des ganzen Landes — führen. Dies bezieht sich nicht nur auf Kinderpornographie, sondern auf alle Arten der Kindermißhandlung — physisch wie auch verbal durch Beschimpfungen. Wir Christen müssen uns aktiv gegen diese Dinge erheben — nicht nur gegen Pornographie, sondern auch gegen die Seuche der Drogen und des Alkohols.

Jesus sagte: »Laßt die Kinder zu mir kommen und wehret ihnen nicht« (Mk. 10,14). Kinder sollten Gottes Liebe zu Hause in der Familie erfahren. Sie sollten umhegt sein von der Liebe der Mutter und des Vaters.

Das folgende Gedicht von Dorothy Law Nolte beschreibt sehr treffend die Verantwortung aller Eltern und die Folgen, wenn die Prinzipien Gottes zu Hause nicht gelehrt und ausgelebt werden.

Kinder lernen, was sie erleben

Wenn ein Kind mit Kritik aufwächst —
  lernt es zu verurteilen.
Wenn ein Kind mit Feindschaft aufwächst —
  lernt es zu kämpfen.
Wenn ein Kind mit Angst aufwächst —
  lernt es ängstlich zu sein.
Wenn ein Kind mit Jammern aufwächst —
  lernt es Selbstmitleid.
Wenn ein Kind mit Spott aufwächst —
  lernt es Schüchternheit.
Wenn ein Kind mit Eifersucht aufwächst —
  lernt es, was Neid ist.
Wenn ein Kind mit Ermutigung aufwächst —
  lernt es zu vertrauen.
Wenn ein Kind mit Toleranz aufwächst —
  lernt es Geduld.
Wenn ein Kind mit Lob aufwächst —
  lernt es, dankbar zu sein.
Wenn ein Kind mit Zustimmung aufwächst —
  lernt es, sich selbst zu lieben.

Wenn ein Kind mit Anerkennung aufwächst —
lernt es Zielstrebigkeit.
Wenn ein Kind mit Teilen aufwächst —
lernt es Großzügigkeit.
Wenn ein Kind mit
Ehrlichkeit und Gerechtigkeit aufwächst —
lernt es, was Wahrheit und Recht ist.
Wenn ein Kind mit Freundlichkeit aufwächst —
lernt es die Welt
als einen schönen Platz zum Leben kennen.
Wenn ein Kind mit
Heiterkeit und Klarheit aufwächst —
wird es mit friedvollen Gedanken leben.[19]

Kapitel 8

Von der Larve zum Schmetterling

Ich (Betty Tapscott) bin gerade aus einem anderen Staat wiedergekommen, wo ich das Wochenende bei christlichen Freunden auf ihrem wunderschönen, an einem See gelegenen Grundstück verbracht habe.

Vor ein paar Monaten hatte dieses Ehepaar ein kleines, ausländisches Mädchen im Alter von vier Jahren adoptiert. Es hatte davor in einem katholischen Waisenhaus gelebt. Als Nonnen es fanden, lebte es in einem Karton — ja, ganz richtig, in einem Karton — bei seiner Großmutter. Als die Nonnen es zu dem Waisenhaus brachten, nannten sie es liebevoll ihre ›kleine Wildkatze‹, weil es spuckte, kratzte, schubste und kämpfte . . .

Aber — preist den Herrn! — was dann passierte:

Es wurde von diesem liebevollen christlichen Ehepaar adoptiert, das Freunde in der ganzen Welt gebeten hatte, für dieses neue, langersehnte Kind zu beten, das Gott ihm geschenkt hatte.

Innerhalb weniger Monate fand eine unglaubliche Verwandlung in dem kleinen Mädchen statt. Vom niedrigsten Grad der Selbstachtung und dem negativsten Selbstbild ist es aufgeblüht und als schöner, süßer kleiner Schmetterling aus seiner Larve hervorgekommen.

Ist es perfekt? Nein, nicht ganz — aber wer von uns ist das schon? Hat es noch Probleme? Natürlich, aber die haben wir alle. Es ist so hübsch, gesund und dynamisch.

Dieses kleine Mädchen hat sich von einem Dorn auf einem Rosenbusch in eine wunderschöne Rosenblüte verwandelt. Es liebt nichts mehr, als seine Kindertänze mit Hüpfen und Springen einem Publikum von 1 bis 75 Personen vorzuführen. Es ist lebhaft, voller Energie, lieb und intelligent.

Wie hat diese Veränderung stattgefunden? Es war Gott! Alle haben für es gebetet: seine neuen, liebevollen Eltern, seine Brüder und Schwestern, Erziehungsberatungsgruppen und religiöse Ordensgemeinschaften von Nonnen und Priestern. Es wurde anerkannt, ermutigt, geliebt und umarmt — alles Dinge, die so wichtig sind, um ein positives Selbstbild entwickeln zu können.

Aber letztlich war es Gott — aufgrund der Gebete —, der die Veränderung in ihm bewirkt hat und weiterhin bewirken wird, so daß dieses

Mädchen zu einem glitzernden Diamanten werden kann. Immer wieder wird es im Gebet vor
den Herrn gebracht. Seine Eltern beten stetig im
Heiligen Geist über ihm. Es wird von allen Seiten
mit Liebe und Fürbitte überschwemmt. Was für
eine Gleichung:

Liebe + Gebet = ein gutes Selbstbild!

Ob ich an Wunder glaube? Da können Sie aber
sicher sein! Ich habe gerade am letzten Wochenende wieder eins gesehen. Es war ein kleines,
schwarzäugiges, schwarzhaariges vierjähriges
Bündel mit einem ausgeprägt positiven Selbstbild.

Kapitel 9

Gebet um ein göttliches Selbstbild

Vater, im Namen Jesu beten wir, daß du diese Menschen anrührst und ihnen ein göttliches Selbstbild und christusähnliche Selbstachtung gibst. Herr, vielleicht fühlen sie sich unwürdig, unzulänglich oder minderwertig. Vielleicht fühlen sie sich häßlich, schüchtern, ungeschickt, oder sie denken, daß sie nichts richtig machen können. Vielleicht wurden sie als Kinder — oder auch als Erwachsene — gehänselt, und sie fühlen sich unsicher und ungeliebt. Herr Jesus, bitte nimm ihnen diese Gefühle des Versagens, der Verlegenheit, der Enttäuschung, der Schuld oder der Ängstlichkeit. Wir bitten dich, daß du sie von jeder negativen Macht befreist, die sie vielleicht schon so lange in Fesseln gehalten und davon abgehalten hat, ein siegreiches und erfülltes Leben zu führen.

Lieber Herr, laß sie wissen, wie sehr du sie

liebst — daß sie dein Augapfel sind. Wir bitten dich, daß sie Gewißheit bekommen, daß du nicht nur für ihre Sünden am Kreuz gestorben bist, sondern auch für die tiefen Wunden in ihrer Gefühlswelt, und daß du ihre Zerbrochenheit heilen möchtest. Hilf du ihnen, sich selbst und deine Vergebung annehmen zu können und fähig zu sein, sich selbst und anderen zu vergeben.

Jesus, fülle du die Leere in ihrem Leben aus und gib ihnen die Liebe und Anerkennung, die sie vorher vielleicht nie bekommen haben. Schenke ihnen heilige Kühnheit, Vertrauen und die Gewißheit, durch dich alles zu vermögen.

Herr, gib ihnen ein positives Bild von sich selbst, und laß sie sich selbst sehen, wie du sie siehst: einzigartig, wertvoll und ohne Schuld — damit sie die Menschen werden können, zu denen du sie bestimmt hast.

Wir bitten dies in Jesu kostbarem Namen! Amen.

Liebesbriefe von Jesus an Sie

»Du sollst mein Knecht sein; ich erwähle dich und verwerfe dich nicht. Fürchte dich nicht, denn ich bin mit dir; weiche nicht, denn ich bin dein Gott. Ich stärke dich, ich helfe dir auch: ich halte dich durch die rechte Hand meiner Gerechtigkeit« (Jes. 41,9-10).

»Ich habe dich je und je geliebt, darum habe ich dich zu mir gezogen aus lauter Güte« (Jer. 31,3).

56

ANMERKUNGEN

1 Robert Schuller: Self-Esteem, Waco,
  Texas: Word Books Publishers, 1982, S. 35, 48
2 David A. Seamands. Putting Away Childish Things, Wheaton,
  Illinois: Victor Books, 1982, S. 117—118
3 Norman Wright: Improving Your Self-Image,
  Harvest House 1977, S. 46
4 Mark Kinzer: The Self-Image of a Christian, Ann Arbour,
  Michigan: Servant Books, 1980, S. 87
5 Norman Wright, a.a.O.
6 Charles F. Kemp, Fort Worth, Texas (mit seiner Erlaubnis zitiert)
7 Robert DeGrandis, Growing in Jesus, S. 69
8 Mark Kinzer: a.a.O., S. 45
9 Betty Tapscott: Twelve Biblical Ways to Develop a Good
  and Godly Self-Image, Houston, Texas: Tapscott Ministries
10 Robert Schuller: a.a.O., S. 97
11 Robert Schuller: a.a.O., S. 91—92
12 Mark Kinzer: a.a.O., S. 39
13 Mark Kinzer: a.a.O., S. 46, 47
14 Carolyn Ashburn: »Self-Esteem Said Vital«,
  The Mobile (Alabama) Press (Interview von Dorothy Briggs:
  »Your Child's Self-Esteem: The Key to His Life«)
15 Bruce Narramore: You're Something Special,
  Zondervan Publishing House, 1978, S. 81
16 Caren Buffum: Give Your Child a Sense of Self-Worth,
  Virtue Magazine, Sept.—Okt. 1980, S. 39
17 Ebd.
18 Ebd.
19 Dorothy Law Nolte: Children Learn What They Live, May 1954,
  Texas: Tapscott Ministries

Betty Tapscott, die seit über 15 Jahren im Dienst der inneren Heilung steht, hat hier ihre Erfahrungen in Form von praktischen Hinweisen zusammengefaßt. Ihr Buch behandelt unter anderem folgende Fragen:

Wie kann ein ausführliches Gespräch um innere Heilung aussehen?

Welche Schritte sind zu beachten?

Was kommt nach dem Heilungsgebet?

Wie können wir verhindern, an den Nöten der anderen selbst zu zerbrechen?

Was sind die häufigsten Fehler im Gebet um innere Heilung?

Dieses Buch erfüllt eine Doppelfunktion: Einerseits hilft es dem Leser, selbst innere Heilung zu erfahren, andererseits gibt es praktische Tips für Christen, die mit anderen um innere Heilung beten wollen.

BETTY TAPSCOTT

DER DIENST DER INNEREN HEILUNG

Perspektiven für die Praxis

133 Seiten, Pb
ISBN 3-925352-16-3

*Fordern Sie kostenlos
unser Gesamtprogramm an!*

Projektion J Verlag GmbH, Postfach 1380, D-6203 Hochheim

Das eigene Innenleben, die private Welt, ist nach Auffassung des Autors einer der entscheidenden Bereiche geistlicher Auseinandersetzung. Gordon MacDonald:
„Dort findet eine Schlacht statt, die insbesondere von Menschen geschlagen werden muß, die sich praktizierende Christen nennen."
MacDonald stellt fest, daß die meisten Menschen — selbst Christen — nach außen orientiert sind. Aktivitäten und Erfolg sind die bestimmenden Kennzeichen eines getriebenen Lebens: ein Leben, das sich an äußerlichen Dingen orientiert, das bestimmt ist von Geschäftigkeit, Unruhe und Hetze. Dagegen hält der Autor Gottes Berufung: die äußere Welt aus der inneren her zu meistern, nicht zu reagieren, sondern zu agieren.
Zu einem Leben in und unter der Berufung Gottes — gerade im persönlichen Bereich — gibt das Buch praktische Hilfen und Denkanstöße: richtige Zeiteinteilung, Überprüfung bisheriger Maßstäbe und Antwort auf die Frage, wie das Innenleben gepflegt und vor einer zunehmenden Aushöhlung bewahrt werden kann.

GORDON MacDONALD

GETRIEBEN ODER BERUFEN

Ordne dein Leben

179 Seiten, Pb
ISBN 3-925352-09-0

*Fordern Sie kostenlos
unser Gesamtprogramm an!*

Projektion J Verlag GmbH, Postfach 1380, D-6203 Hochheim